파이디온 어린이 성경공부 교재 *1학기용*

예수마당 성경공부 I

유치부 6~7세

어린이용

파이디온선교회

예수마당 성경공부 1

물을 포도주로 만드신 예수님

요한복음 2:1~11

■기도손 안에 친구들이 가지고 있는 어려움을 쓰세요.

■가위로 오린 후 기도손을 반으로 접어 예수님께 기도해 보세요.

1 물을 포도주로 만드신 예수님

부모님과 보세요

[포인트] 예수님은 우리가 어려울 때 도와주세요.

[외울 말씀] "하나님의 모든 말씀은 능치 못하심이 없느니라"(누가복음 1:37).

부모님께

오늘 아이들은 예수님이 물을 포도주로 만드신 성경 이야기를 통해 예수님은 우리가 어려울 때 우리를 도와주시는 분이라는 사실을 배웠습니다. 아이들은 어려운 일이 있을 때 '예수님 도와주세요' 라고 기도하는 것을 배웠으며, 아이들 자신이 가지고 있는 어려움을 기도손에 적어 예수님께 기도했습니다.

아이들의 어려움은 어른이 생각하는 것과 다를 수 있습니다. 혼자서 슈퍼에 가는 것이 힘든 아이도 있고, 다른 사람 앞에서 이야기하는 것이 어려운 아이들도 있으며, 유치원에서 친구들에게 따돌림을 당하여 힘들어하는 아이들도 있습니다. 부모님께서 아이가 가지고 있는 어려움이 무엇인지 자세히 살펴보세요. 그리고 그 어려움을 가지고 아이와 함께 날마다 기도해보세요.

물어보세요

- 가나에서 있었던 결혼 잔치에 어떤 어려움이 있었니?
- 마리아는 어려운 일 생긴 것을 알고 어떻게 했지?
- 너는 예수님께 무엇을 도와달라고 말했니?

나도 예술가

다음 페이지를 이렇게 활용하세요.

- 예수님과 하인, 항아리를 크레파스로 칠하게 하세요. 항아리에서 나오는 물은 파랑색 수채화 물감으로 칠하게 하세요. 아이가 작업을 하는 동안 예수님이 결혼 잔치에서 포도주가 떨어졌을 때 어떻게 사람들을 도와주셨는지 이야기를 나눠보세요.

가족 놀이

- 기분 좋은 하루를 시작하고 오늘 배운 말씀을 기억하게 하기 위해 맛있는 아침 음료를 만들어보세요. 차가운 우유에 포도 주스를 섞으세요. 아이가 주스를 만들며 즐거워할 때 예수님이 결혼 잔치에 온 사람들을 돕기 위해 무엇을 했는지 물어보세요.

예수님은 물을 포도주로 만드셨어요

▶요한복음 2:1~11

폭풍을 잠잠케 하신 예수님

마가복음 4:35~41

■빈 곳에 친구들이 무서워하는 것을 그려보세요.

■무서워하는 것을 모두 오려 풍선에 붙이세요.

2 폭풍을 잠잠케 하신 예수님

부모님과 보세요

[포인트] 예수님은 우리가 무서울 때 지켜주세요.

[외울 말씀] "하나님의 모든 말씀은 능치 못하심이 없느니라"(누가복음 1:37).

부모님께

오늘 아이들은 예수님이 바다의 성난 파도를 잠잠케 하신 것을 배웠습니다. 제자들이 무서울 때 예수님이 어떻게 제자들을 도왔는지에 대해 이야기했습니다. 또 아이들이 가지고 있는 두려움이나 무서움들을 서로 나누고, 우리를 항상 지켜주시는 예수님께 두려움을 맡기는 활동을 했습니다. 아이들은 부모님들과 떨어지게 되면 불안을 느낍니다. 유치원, 놀이터 등 부모님과 떨어져서 생활하는 곳으로 갈 때 아이에게 "예수님이 오늘도 너를 지켜주실 거야!"라고 말하면서 꼭 안아주세요.

물어보세요

- 예수님과 제자들이 바다에 있을 때 무슨일이 일어났니?
- 너는 무엇이 가장 무십니?
- 네가 무서울 때 예수님이 너를 어떻게 도와주실까?

나도 예술가

다음 페이지를 이렇게 활용하세요.

■ 색종이와, 크레파스, 풀을 준비해주세요. 색종이로 배를 세 개 접으세요. 배를 바다 위에 붙이고, 배 위에 제자들을 그리게 하세요. 첫 번째 부분은 바다가 잠잠할 때의 그림이고, 두 번째 부분은 폭풍이 일어날 때의 그림, 세 번째 부분은 폭풍이 잠잠해졌을 때의 그림이에요. 그림은 크레파스로 칠하게 하세요. 아이가 작업을 하는 동안 예수님이 제자들을 어떻게 안전하게 지켜주셨는지 말해주세요.

가족 놀이

■ 가족들이 함께 먹을 수 있는 음식을 만드세요. 식빵을 삼각형으로 오려 배를 만들고, 치즈로 파도를 만들고, 달걀 범벅을 하여 구름을 만드세요. 음식을 함께 먹는 동안 예수님이 폭풍을 잠잠케 하신 이야기를 나누세요. 그리고 나서 가족들과 함께 오늘 하루 동안 예수님이 지켜주시기를 기도하세요.

예수님은 폭풍을 잠잠케 하셨어요

▶마가복음 4:35~41

오천 명을 먹이신 예수님

요한복음 6:1~15

■예수님이 우리에게 주신 것들이에요. ■예수님이 친구에게 주셨다고 생각하는 곳에 동그라미를 치세요.

3 오천 명을 먹이신 예수님

부모님과 보세요

[포인트] 예수님은 우리에게 필요한 것들을 주세요

[외울 말씀] "하나님의 모든 말씀은 능치 못하심이 없느니라"(누가복음 1:37).

부모님께

오늘 아이들은 예수님이 벳세다 광야에서 보리떡 다섯 개와 물고기 두 마리로 오천 명을 먹이신 것을 배웠습니다. 아이들은 예수님이 우리에게 필요한 것들을 주시는 분임을 배웠고, 예수님이 아이들에게 주신 것들 –엄마, 아빠, 장난감, 친구, 음식 등 – 을 알아보면서 감사 기도를 드렸습니다. 예수님은 아이들이 필요한 것에 관심을 가지고 계시며, 그 필요들을 채우시기에 충분한 능력을 가지셨다는 것을 아이들이 알도록 도와주세요.

물어보세요

■ 어떻게 예수님은 오천 명이 넘는 사람들에게 음식을 주셨니?

■ 예수님은 너에게 무엇을 주셨니?

가족 놀이

■ 집 근처 잔디밭이나 공원에 가는 가족 소풍을 계획해 보세요. 음식을 만들 때 빵과 물고기 모양의 음식을 준비해주세요. 이때 아이가 함께 참여할 수 있도록 해주세요. 준비한 음식을 먹으면서 예수님이 어떻게 오천 명을 먹이셨는지 이야기해보도록 격려해주세요.

나도 예술가

다음 페이지를 이렇게 활용하세요.

■ 갈색 종이 조각, 풀, 이쑤시개 자른 것, 색연필을 준비해주세요. 이쑤시개를 바구니에 붙이고, 갈색 종이 조각으로 빵과 물고기를 붙이세요. 예수님과 소년의 그림은 색연필로 칠하세요. 예수님이 우리가 필요한 것을 어떻게 채워주셨는지 아이들과 이야기해보세요.

물고기 두 마리와 보리떡 다섯 개로 오천 명을 먹이셨어요

▶요한복음 6:1~15

병을 고쳐주신 예수님

요한복음 5:1~9

■하트를 모두 오려, 목걸이를 만드세요.

■하트를 넘기면서 친구들에게 이야기해주세요.

4 병을 고쳐주신 예수님

부모님과 보세요

[포인트] 예수님은 우리가 아플 때 고쳐주세요.

[외울 말씀] "하나님의 모든 말씀은 능치 못하심이 없느니라"(누가복음 1:37).

부모님께

오늘 아이들은 예수님이 38년 된 병자를 어떻게 고쳐주셨는지 배웠습니다. 아이들이 아플 때 병원에도 가고 약도 먹지만 우리를 고쳐주시는 분은 예수님이라는 것을 배웠습니다. 아이들이 아플 때 또는 다른 사람이 아플 때 예수님께 고쳐달라고 기도할 수 있도록 도와주세요. 오늘 아이들이 가지고 간 목걸이의 그림을 한 장씩 넘기면서 부모님께 오늘 배운 성경 이야기를 할 수 있도록 도와주세요.

물어보세요

- 예수님이 38년 된 병자를 어떻게 고쳐주셨니?
- 너는 아플 때 예수님께 뭐라고 기도하니?
- 우리 가족 가운데 누가 아플 때 우리는 어떻게 할 수 있을까?

가족 놀이

- 아이가 다쳤거나 가족, 이웃 가운데 아픈 사람이 생겼을 때 약을 발라주고 예수님께 병을 고쳐달라고 아이와 함께 기도하세요. 그리고 우리가 아플 때 예수님은 우리를 고쳐주실 수 있는 분이라는 것을 말해주세요.

나도 예술가

다음 페이지를 이렇게 활용하세요.

- 색연필, 색종이, 풀을 준비해주세요. 아이가 그림을 색칠하게 하세요. 풀을 병자가 들고 있는 자리에 칠하고 색종이를 찢어 붙이게 하세요. 아이가 작업을 하는 동안 38년 된 병자가 예수님을 만나 고침받았다는 것과 예수님은 우리가 아플 때 고쳐주신다는 것을 말씀해주세요.

예수님이 38년 된 병자를 고쳐주셨어요

▶요한복음 5:1~9

수마당 성경공부 5

말씀의 씨앗을 심어요

누가복음 8:4~15

■마음의 밭에 하나님의 말씀을 심어보세요.

■말씀의 씨앗을 잘라 아래에 붙이세요.

5 말씀의 씨앗을 심어요

부모님과 보세요

[포인트] 하나님의 말씀을 실천해요.

[외울 말씀] "서로 인자하게 하며 불쌍히 여기며 서로 용서하기를 하나님이 그리스도 안에서 너희를 용서하심과 같이 하라"(에베소서 4:32).

부모님께

오늘 아이들은 예수님의 비유 가운데 씨 뿌리는 비유에 대해 배웠습니다. 하나님의 말씀의 씨앗이 우리 아이들 마음속에 이미 뿌려졌으며, 그것을 잘 자라게 하여 열매 맺는 삶을 살 때 하나님이 기뻐하신다는 것을 알았습니다. 아이들의 삶 가운데 말씀이 열매 맺을 수 있도록 기도하며 격려해주세요.

물어보세요

- 씨앗이 어떤 밭에 떨어졌을 때 잘 자랐니?
- 씨앗이 잘 자라게 하려면 어떻게 하면 좋을까?
- 하나님의 말씀을 듣는 우리들은 어떻게 살아야 할까?

나도 예술가

다음 페이지를 이렇게 활용하세요.

- 색연필, 사인펜, 씨앗 또는 팝콘, 풀을 준비해주세요.

색연필과 사인펜을 가지고 그림을 색칠하게 하세요. 씨앗이나 팝콘을 농부가 뿌리는 씨앗에 붙이게 하세요. 아이들이 작업을 하는 동안 농부가 뿌린 씨앗이 어디에 떨어졌는지 물어보세요. 씨앗을 뿌리는 행동은 하나님의 말씀을 듣는 것과 같다고 말씀해주세요. 그리고 하나님의 말씀을 듣고 실천하여 열매 맺는 것을 하나님이 기뻐하신다는 것을 기억하게 해주세요.

가족 놀이

- 어린이용 성경책을 예쁘게 꾸며보세요. 포장지로 예쁘게 포장을 하거나, 예쁜 천과 스프레이 접착제로 성경책 표지를 바꾸어보세요. 아이들이 매일매일 성경책을 읽을 수 있도록 도와주세요.

엄마와 함께 어린이용 성경 읽기 표를 만들어서 한 장씩 읽을 때마다 표시를 해주어도 아이들은 즐겁게 성경책을 읽을 수 있답니다.

말씀의 씨앗을 심어요 ▶누가복음 8:4~15

용서할래요

누가복음 15:11~32

■용서하고 싶은 사람을 하트 모양의 종이에 그리세요. 종이를 예수님의 가슴에 붙이며 '용서할래요'라고 말하세요.

6 용서할래요

부모님과 보세요

[포인트] 다른 사람을 용서해요.

[외울 말씀] "서로 인자하게 하며 불쌍히 여기며 서로 용서하기를 하나님이 그리스도 안에서 너희를 용서하심과 같이 하라" (에베소서 4:32).

부모님께

오늘 아이들은 예수님의 비유 가운데 돌아온 아들의 비유에 대해 듣고, 어떻게 아버지가 아들을 용서했는지 배웠습니다. 아이들과 함께 용서를 통해 우리도 다른 사람을 도울 수 있다는 것도 배웠습니다. 아이들은 용서해야 할 사람을 서로 나누고 용서하기로 했으며, 함께 기도했습니다. 한 주간 동안 아이들이 "난 OO가 싫어, 미워!" 라고 말하거나 형제 자매 간에 다투는 일이 생길 경우 서로 용서하고 용서받는 시간을 가질 수 있도록 도와주세요.

물어보세요

■ 집을 나간 아들이 집에 돌아왔을 때 아버지가 어떻게 했니?

■ 네가 다른 사람에게 잘못을 했을 때 네 기분은 어땠니?

■ 너는 누구를 용서했니?

나도 예술가

다음 페이지를 이렇게 활용하세요.

■ 사인펜, 풀, 화분의 흙, 쌀을 준비해주세요. 아이가 사인펜으로 그림을 색칠하게 하세요. 색칠을 하고 나면 풀을 들판에 칠하고 그 위에 화분의 흙을 뿌려 붙이게 하세요. 가능하다면 돼지에게 주는 밥 위에 쌀을 붙이게 하세요. 집을 나간 아들이 배가 고파 돼지의 밥을 먹으려 했던 것을 아이들이 볼 수 있을 거예요.

가족 놀이

■ 가족과 함께 용서나무를 만들어보세요. 집에 있는 화분 중에 나뭇가지가 있는 화분을 고르세요. 용서나무라고 종이에 적어 화분에 붙이세요. 가족들과 함께 모여 자신이 용서해야 할 사람을 서로 이야기하고 종이에 '나는 OO를 용서하겠어요' 라고 적게 하세요. 용서 종이를 작은 비닐팩에 넣고, 사탕도 함께 넣으세요. 펀치로 비닐팩 위에 구멍을 내어 고리를 달아 용서나무에 다세요. 그리고 이번 주 안에 용서할 사람을 찾아가서 함께 지내는 시간을 가지세요.

집 나간 아들을 용서했어요 ▶누가복음 15:11~32

강도 만난 사람을 도운 사마리아인

➾ 누가복음 10:25~37

■그림을 오리세요. ■고무줄로 귀걸이줄을 붙이세요. ■모자를 쓰고 병원 놀이를 해보세요.

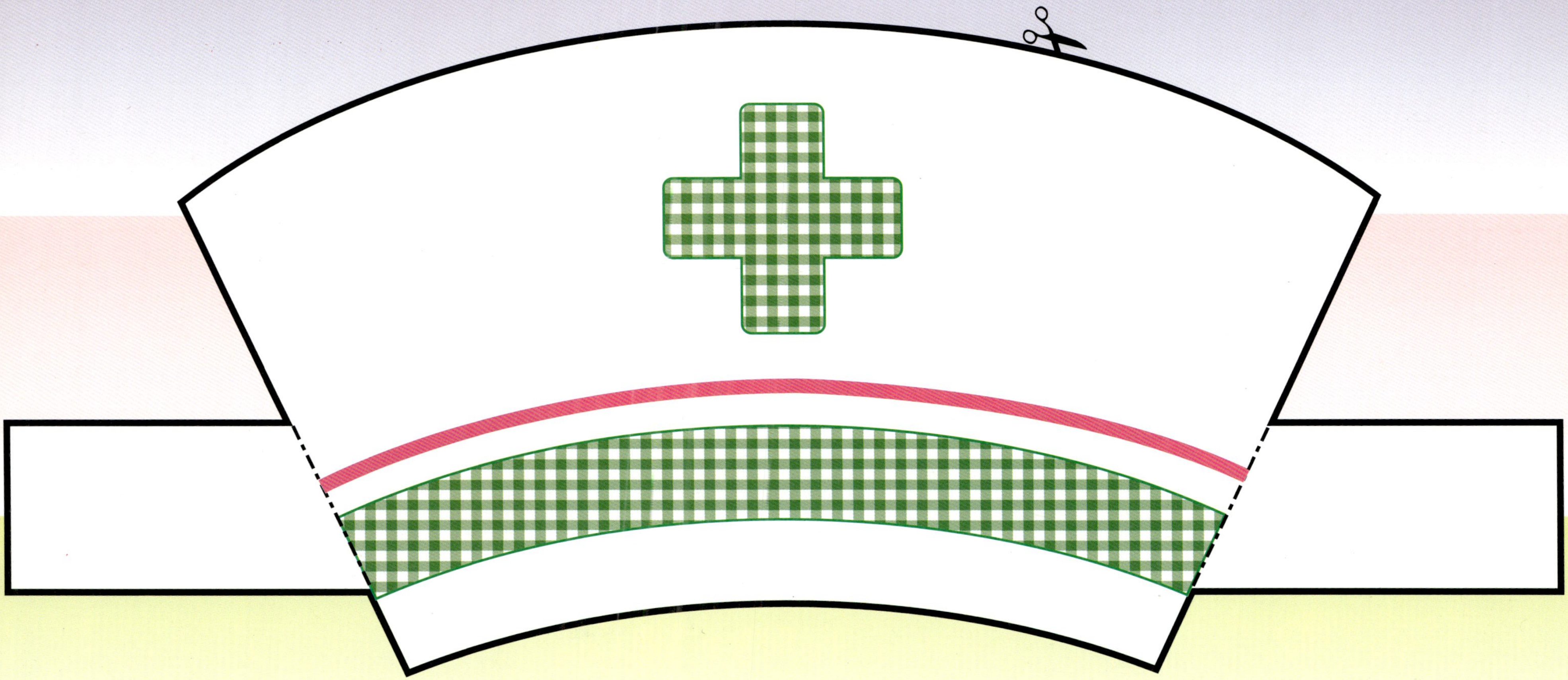

7 강도 만난 사람을 도운 사마리아인

부모님과 보세요

[포인트] 아픈 사람을 도와요.

[외울 말씀] "서로 인자하게 하며 불쌍히 여기며 서로 용서하기를 하나님이 그리스도 안에서 너희를 용서하심과 같이 하라"(에베소서 4:32).

부모님께

오늘 아이들은 예수님의 비유 가운데 강도 만난 사람을 도운 선한 사마리아인의 이야기를 들었습니다. 아이들은 다친 사람이나 아픈 사람을 자신들도 도울 수 있다는 것을 배웠으며, 다른 사람들이 아프거나 다쳤을 때 어떻게 도와줄 수 있는지 이야기했습니다. 아이들이 다른 사람을 어떻게 도와주어야 하는지를 배우기에 가장 좋은 곳은 가정입니다. 어려운 이웃이나 다친 사람을 보았을 때 부모님들이 보인 반응은 아이가 그러한 사람을 만났을 때 어떻게 행동해야 하는지를 결정하게 되는 모델이 됩니다. 이웃을 돌아보며 예수님의 사랑을 나누는 것을 아이에게 보여주세요.

물어보세요

■ 선한 사마리아 사람은 강도 만나서 아픈 사람을 어떻게 도와주었니?

■ 너는 친구가 넘어져서 다쳤을 때 어떻게 도와줄 수 있니?

나도 예술가

다음 페이지를 이렇게 활용하세요.

■ 색연필, 풀, 티슈를 준비해주세요. 색연필로 그림을 색칠하게 하세요. 풀을 다친 부분-얼굴, 팔, 어깨, 무릎, 가슴-에 칠한 후 티슈를 찢어서 붙이게 하세요. 아이들이 작업을 하는 동안 선한 사마리아인은 다친 사람을 보고 도와주었다고 말해주세요. 우리도 다치거나 아픈 사람을 도와줌으로써 다른 사람을 도울 수 있다고 말해주세요.

가족 놀이

■ 가족들과 함께 구급 약품 상자를 만들어 약을 넣어두세요. 박카스, 신발 상자에 시드지를 붙이고, 매직으로 예쁘게 꾸미게 하세요. 약품 상자에 연고, 두통약, 밴드, 붕대, 반창고를 넣으세요. 약품 상자 밖에는 '예수님은 당신을 사랑해요' 라고 쓰세요.
구급 약품 상자를 다 만들었으면 노숙자들이나 노인정에 있는 할아버지 할머니께 드리세요.

다친 사람을 도와주었어요 ▶누가복음 10:25~37

예수마당 성경공부 8

하나님이 주신 재능

누가복음 19:11~26

■네모 그림을 오려 우유팩에 붙이고 선물 상자를 만드세요.

■별 그림에 친구들이 잘하는 것을 그려, 빨대에 붙이세요.

■꽃 그림에 다른 사람을 위해 나의 재능을 어떻게 사용할 수 있는지 그리고 빨대에 붙이세요.

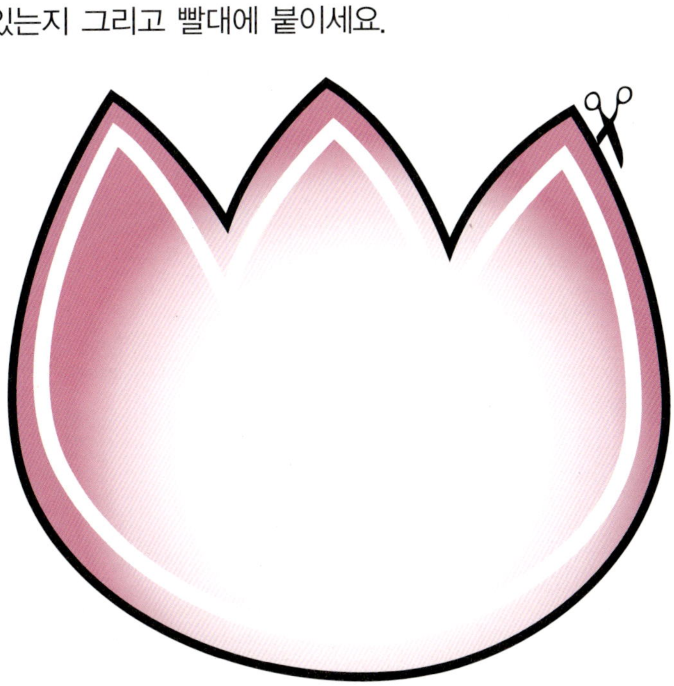

8 하나님이 주신 재능

부모님과 보세요

[포인트] 재능으로 다른 사람을 도와요.

[외울 말씀] "서로 인자하게 하며 불쌍히 여기며 서로 용서하기를 하나님이 그리스도 안에서 너희를 용서하심과 같이 하라"(에베소서 4:32).

부모님께

오늘 아이들은 하나님이 주신 재능으로 다른 사람을 도울 수 있다는 것을 배웠습니다. 아이들은 재능이 선물이라는 사실과, 선물을 받았을 때 그것을 잘 사용해야 선물을 준 사람이 기분이 좋듯이, 하나님이 선물로 주신 재능을 잘 사용해야 한다는 사실을 배웠습니다. 또한 아이들이 가지고 있는 재능이 무엇인지도 알아보았으며 어떻게 다른 사람을 위해 그 재능을 사용할 수 있는지 이야기했습니다. 부모님들이 아이가 잘하는 것을 칭찬해주세요. '하나님이 우리 승희에게 종이접기를 잘하게 해주셨구나' 하며 그 재능이 하나님이 주신 것임을 잊지 않도록 해주세요.

물어보세요

- 왜 세 번째 종은 돈을 숨겨놓았을까?
- 하나님이 너에게 주신 재능은 무엇이니?
- 네가 가지고 있는 재능을 다른 사람을 위해 어떻게 사용할 수 있을까?

나도 예술가

다음 페이지를 이렇게 활용하세요.

- 수채화 물감, 붓, 물, 풀과 종이로 만든 돈을 준비해주세요. 수채화 물감으로 그림을 색칠하게 하세요. 종이로 돈을 만들어 종이 주인의 손에 올려놓은 것처럼 돈을 붙이세요. 아이들이 작업을 하는 동안에 세 번째 종은 주인이 맡긴 돈을 사용하지 않았기 때문에 주인이 다시 그 돈을 가져갔다고 말해주세요. 하나님은 우리가 하나님이 주신 재능을 다른 사람을 돕는 데 사용하기 원하신다고 말해주세요.

가족놀이

- 가족들과 함께 재능을 서로 보여주는 시간을 가지세요. 호일로 별 목걸이를 만들어 준비하세요. 가족들이 한 명씩 하나님이 선물로 주신 재능을 보여주게 하세요. 한 사람이 끝날 때마다 별 목걸이를 걸어주면서 '너는 하나님 나라의 스타야. 이 재능을 다른 사람을 위해 잘 사용하렴' 하고 격려해주세요.

하나님이 주신 재능을 사용해요 ▶누가복음 19:11~26

예수님을 찬양해요

마가복음 11:1~11

■종려나무 가지를 오려 나무젓가락에 붙이세요.

■종려나무 가지를 흔들며 예수님을 찬양해보세요.

부모님과 보세요

9 예수님을 찬양해요

[포인트] 왕이신 예수님을 찬양해요.

[외울 말씀] "모든 입으로 예수 그리스도를 주라 시인하여 하나님 아버지께 영광을 돌리게 하셨느니라"(빌립보서 2:11).

부모님께

오늘 아이들은 예수님이 우리에게 새 생명을 주시기 위해 오셨다는 것을 배웠습니다. 아이들은 예수님이 나귀를 타고 예루살렘에 들어가실 때 사람들이 어떻게 찬양했는지 듣고, 종려나무 가지를 만들어 예수님을 찬양했습니다. 우리에게 생명을 주시려고 이 땅에 오신 예수님을 차를 타고 갈 때나 길을 걸으면서 아이와 함께 찬양해보세요.

물어보세요

■ 예수님이 예루살렘에 들어가실 때 사람들은 어떻게 했지?

■ 우리 가족은 어떻게 예수님을 찬양할 수 있을까?

가족 놀이

■ 가족들의 손을 녹색 색상지에 놓고 그리세요. 손 모양을 오려내고 손 안에 "왕으로 오신 예수님을 찬양해요. OO가"를 쓰게 하세요. 손 뒤에 나무젓가락을 대어 셀로판테이프로 붙이게 하세요. 가족들과 함께 나뭇가지를 흔들며 예수님을 찬양하는 시간을 가진 후 꽃병에 꽂아두세요.

나도 예술가

다음 페이지를 이렇게 활용하세요.

■ 색연필, 색종이, 가위, 풀을 준비해주세요. 예수님이 예루살렘에 들어가시는 그림을 색연필로 색칠하게 하세요. 예수님이 지나가시는 길에 색종이로 나뭇가지와 옷을 오려 붙이게 하세요. 나뭇가지와 옷을 붙이면서 아이들이 예수님을 찬양할 수 있도록 도와주세요.

예수님이 예루살렘 성으로 들어가셨어요 ▶마가복음 11:1~11

예수님을 본받아요

요한복음 13:1~15

■손 • 발 • 입 그림을 모두 오려 리본에 붙이세요.

■그림을 보며 어떻게 친절한 행동을 할 수 있는지 이야기해보세요.

10 예수님을 본받아요

부모님과 보세요

[포인트] 예수님처럼 친절하게 행동해요.

[외울 말씀] "모든 입으로 예수 그리스도를 주라 시인하여 하나님 아버지께 영광을 돌리게 하셨느니라"(빌립보서 2:11).

부모님께

오늘 아이들은 예수님처럼 다른 사람에게 친절한 행동을 할 수 있다는 것을 배웠습니다. 아이들은 예수님이 제자들의 발을 씻어줌으로써 어떻게 그들에게 친절한 행동을 했는지에 대해서도 배웠습니다. 그리고 이번 주에 누구에게 친절한 행동을 할 것인지에 대해 이야기하고, 기도했습니다.

물어보세요

■ 왜 예수님이 제자들의 발을 씻어주셨을까?

■ 네가 이번 주에 다른 사람에게 해줄 수 있는 친절한 행동은 무엇이니?

나도 예술가

다음 페이지를 이렇게 활용하세요.

■ 사인펜, 풀, 티슈 조각을 준비해주세요. 아이들에게 예수님의 손과 제자의 발에 풀칠을 하게 하세요. 그 위에 조각낸 티슈를 붙이세요. 나머지 부분은 사인펜으로 색칠을 하게 하세요. 아이들이 활동을 하는 동안 예수님이 사람들에게 어떻게 친절한 행동을 하셨는지 말해주세요. 그리고 아이와 함께 예수님처럼 다른 사람에게 친절한 행동을 할 수 있는 방법들에 대해 이야기하세요.

가족 놀이

■ 하루 저녁을 정하여 친절 저녁 식사를 준비하세요. 아이들이 가족들을 위해 간단한 식사를 준비할 수 있도록 도와주세요. 먹기 전에 서로의 손을 물로 씻어주고, 수건으로 닦아주세요. 그러고 나서 이번 주부터 매일 가족 중 한 사람에게 친절한 행동을 할 수 있게 해달라고 기도하세요. 마지막으로 아이들이 준비한 친절 식사를 함께하세요.

예수님은 제자들의 발을 씻어주셨어요

▶요한복음 13:1~15

예수님이 기도하셨어요

마가복음 14:32~50

■기도 달력을 오리세요. ■달력에 엄지 손가락 도장을 찍으며 매일 기도하기로 결심하세요.
■기도 달력을 집에 붙여놓고 기도한 날에는 스티커를 붙이세요.

11 예수님이 기도하셨어요

부모님과 보세요

[포인트] 예수님처럼 매일매일 기도해요.

[외울 말씀] "모든 입으로 예수 그리스도를 주라 시인하여 하나님 아버지께 영광을 돌리게 하셨느니라"(빌립보서 2:11).

부모님께

오늘 아이들은 예수님이 십자가를 지시기 전에 겟세마네 동산에서 기도하신 것에 대해 배웠습니다. 아이들은 그들이 기도할 때 하나님이 들으시며 응답하신다는 것을 배웠습니다. 아이들이 밥 먹기 전, 아침에 일어난 직후 그리고 잠자기 전에 기도하는 습관을 들일 수 있도록 해주세요. 오늘 유치부 활동에서는 매일매일 기도하는 것을 도와주는 기도 달력을 만들었습니다. 아이들이 잘 보이는 곳에 붙여주시고, 매일매일 기도한 다음 아이들이 스티커를 붙이도록 도와주세요.

물어보세요

- 예수님은 왜 겟세마네 동산에 가셨니?
- 너는 언제 하나님께 기도하니?
- 우리 가족이 서로를 위해 기도할 수 있는 방법은 무엇이 있을까?

나도 예술가

다음 페이지를 이렇게 활용하세요.

- 잡지에서 꽃, 나뭇잎, 풀 등을 오리세요. 색연필로 기도하는 예수님을 색칠하게 하세요. 준비한 풀, 꽃, 나뭇잎으로 그림의 나무, 돌, 잔디에 붙이게 하세요. 아이들이 작업을 하는 동안 예수님은 우리에게 기도하는 것이 얼마나 중요한지 보여주셨으며, 우리도 예수님처럼 매일매일 기도할 수 있다는 것을 말해주세요.

가족 놀이

- 가족과 함께 서로를 위해 기도할 수 있도록 만들기를 해보세요. 한 명씩 종이에 손을 대고 그리세요. 손을 가위로 오리고 손 위에 자기의 이름을 쓰세요. 이름 아래에는 개인의 기도 제목을 쓰게 하세요. 빨대를 손 뒤에 테이프로 붙이고 컵이나 꽃병에 꽂아 식탁 가운데 두세요. 밥을 먹을 때나 가족들이 모일 때 기도손을 뽑아서 서로를 위해 기도할 수 있는 시간을 가지세요.

예수님은 겟세마네 동산에서 기도하셨어요

▶마가복음 14:32~50

예수마당 성경공부 12

예수님이 죽으셨어요

마태복음 27:27~56

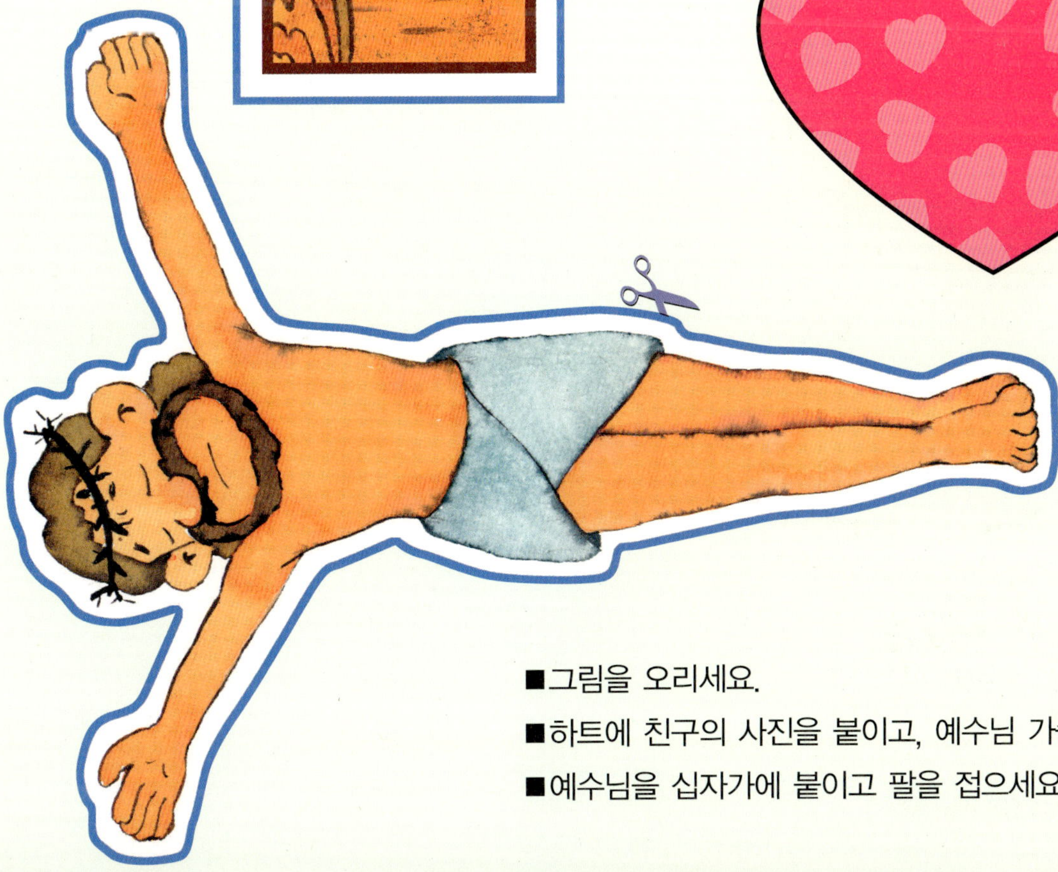

- ■그림을 오리세요.
- ■하트에 친구의 사진을 붙이고, 예수님 가슴에 붙이세요.
- ■예수님을 십자가에 붙이고 팔을 접으세요.

12 예수님이 죽으셨어요

부모님과 보세요

[포인트] 예수님이 우리를 위해 죽으셨어요.

[외울 말씀] "모든 입으로 예수 그리스도를 주라 시인하여 하나님 아버지께 영광을 돌리게 하셨느니라"(빌립보서 2:11).

부모님께

오늘 아이들은 예수님이 우리를 너무 사랑하셔서 십자가에서 죽으신 것을 배웠고, 왜 예수님이 고난당하고 십자가에 못 박혀 죽으셔야 했는지 들었습니다. 아이들은 우리의 죄를 깨끗하게 하시기 위해 죽으신 예수님께 감사드리는 시간을 가졌습니다. 6-7세 아이들은 죄, 죽음에 대해 많은 질문합니다. 이러한 질문을 할 때 세심하게 들으시고 아이들에게 복음을 전할 수 있는 시간으로 삼으세요. 아이들도 분명히 하나님 앞에서 죄인이며 예수님을 영접해야 하니까요.

물어보세요

■ 예수님은 왜 죽으셨을까?

■ 너는 예수님의 사랑에 어떻게 감사드릴 수 있겠니?

나도 예술가

다음 페이지를 이렇게 활용하세요.

■ 색연필로 예수님이 십자가에서 죽으신 그림을 색칠하게 하세요. 아이들이 색칠을 하는 동안 예수님은 아무런 죄도 없으셨지만 엄마, 아빠, OO 그리고 모든 사람들을 사랑하셨기 때문에 십자가에서 죽으셨다는 것을 말씀해주세요.

가족 놀이

■ 가족들과 모여 예수님의 죽음을 생각나게 하는 십자가 모빌을 만들어보세요. 색종이나 색상지를 두꺼운 도화지에 붙여 십자가 모양으로 오리세요. 펀치로 구멍을 뚫어 실로 묶으세요. 나무젓가락을 십자가 모양으로 묶어 가족들이 만든 십자가를 걸으세요. 십자가 모빌을 천장에 걸어놓고 우리를 사랑하셔서 십자가에서 죽으신 예수님을 생각하며 감사하는 기도를 드리세요.

예수님이 십자가에서 죽으셨어요

▶마태복음 27:27~56

예수마당 성경공부 13

예수님이 다시 사셨어요

요한복음 20:1~18

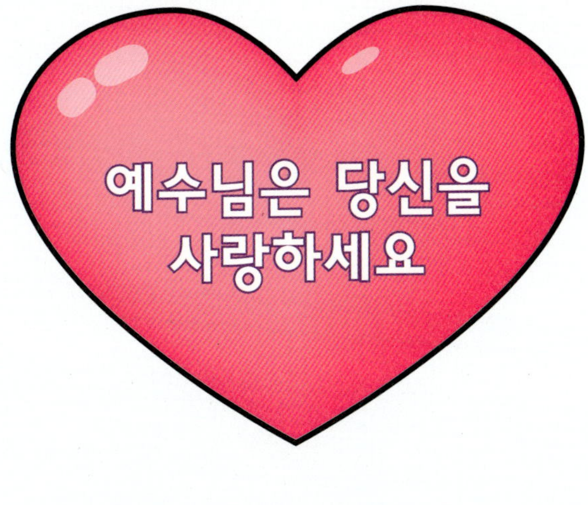

■그림을 모두 오려 기쁜 소식을 전하는 부활절 달걀 바구니를 만드세요.

부모님과 보세요

13 예수님이 다시 사셨어요

[포인트] 예수님이 죽으셨다가 다시 사셨어요.

[외울 말씀] "모든 입으로 예수 그리스도를 주라 시인하여 하나님 아버지께 영광을 돌리게 하셨느니라"(빌립보서 2:11).

부모님께

오늘 아이들은 예수님이 죽으셨다가 다시 살아나셨다는 것을 배웠습니다. 아이들은 예수님이 다시 살아나셨다는 것을 알고 너무 기뻐서 그 소식을 다른 사람들에게 전한 마리아의 이야기도 들었습니다. 오늘 유치부에서 아이들은 예수님의 부활 소식을 다른 사람에게 전하는 부활절 달걀 바구니를 만들었습니다. 아이가 친구나 이웃에게 예수님의 부활 소식을 전할 수 있도록 도와주세요.

물어보세요

■ 마리아가 무덤에 갔을 때 왜 무덤이 비어 있었을까?

■ 너는 예수님이 다시 사셨다는 기쁜 소식을 누구에게 전하고 싶니?

■ 우리 가족은 어떻게 예수님의 부활을 축하할 수 있을까?

나도 예술가

다음 페이지를 이렇게 활용하세요.

■ 색연필과 신문지를 준비해주세요. 아이들이 그림을 색연필로 칠하게 하세요. 그리고 신문지로 무덤 문을 만들어 입구 옆에 놓게 하세요. 무덤 문을 옮기면서 마리아가 예수님의 무덤에 갔을 때는 문이 어떻게 되어 있었는지 아이에게 물어보세요. 아이가 무덤 문을 옮기게 하세요. 예수님이 죽으셨다 다시 살아나셨기 때문에 무덤 문이 열려 있었다고 말씀해주세요.

가족 놀이

■ 가족들과 함께 부활의 기쁜 소식을 전하는 카드를 만들어보세요. 아이가 유치원에 다닌다면 유치원의 반 선생님과 친구들에게 카드를 만들어 보내보세요. 삶은 달걀을 색 한지로 싸서 사탕처럼 양쪽을 끈으로 묶어 주세요. 하트 모양의 종이에 "예수님이 다시 사셨어요"라고 적어 예쁘게 포장한 달걀 앞에 붙이게 하세요. 아이가 유치원에 갈 때 예수님이 다시 살아나셨다고 친구들과 선생님에게 말하면서 달걀을 주라고 말해주세요.

예수님이 다시 살아나셨어요

▶요한복음 20:1~18

- 엠마오로 갈 때 무슨 생각을 하고 있었나요?
- 모르는 사람이 예수님에 대해 무슨 말을 했나요?
- 언제 예수님을 알아보았죠? 그때 기분이 어땠어요?
- 십자가에 달려 죽으신 예수님이 어떻게 그곳에 오실 수 있었나요?
- 왜 예루살렘으로 다시 돌아왔나요?
- 예수님을 만난 후에, 이전보다 예수님을 더 잘 따를 수 있게 되었나요? 그 이유는 무엇인가요?

예수마당 성경공부 14

엠마오로 가는 길에서

누가복음 24:13~35

■마이크를 만들고 글로바와 친구를 인터뷰하세요.

14 엠마오로 가는 길에서

부모님과 보세요

[포인트] 예수님이 다시 살아나신 것을 믿어요.

[외울 말씀] "주 예수를 믿으라 그리하면 너와 네 집이 구원을 얻으리라"(사도행전 16:31).

부모님께

오늘 아이들은 예수님이 엠마오로 가는 두 제자에게 나타나셔서 예수님이 다시 살아나신 것을 믿을 수 있도록 구약 성경에 나타난 예수님에 대한 예언을 설명해주신 이야기를 들었습니다. 아이들은 예수님을 만난 글로바와 글로바의 친구를 인터뷰한 후에 "저도 예수님이 다시 살아나신 것을 믿어요"라고 고백했습니다. 아이들에게 오늘 교회에서 무엇을 배웠는지 물어보시고 "나도 예수님이 다시 살아나신 것을 믿는단다"라고 진지하게 말해주세요.

물어보세요

- 엠마오로 가던 제자들은 무엇을 믿지 못하고 있었니?
- 성경 이야기 중에 믿어지지 않는 것이 있니?

나도 예술가

다음 페이지를 이렇게 활용하세요.

- 솜, 풀, 모래를 준비하세요. 그림을 색칠한 후에 구름 위에는 솜을 붙이고 길 위에는 풀칠을 한 다음 모래를 뿌리세요. 아이들이 작업할 때 글로바와 친구가 예수님을 만난 다음에 어떻게 생각이 바뀌었는지 물어보세요.

가족 놀이

- 이번 주에는 아이들이 궁금한 것에 대해서 질문을 할 때마다 먼저 아이들과 함께 "하나님, 성희의 질문에 대답해주세요"라고 기도하세요. 그런 후에 아이들과 함께 성경이나 백과사전, 또는 인터넷을 찾아보고 답을 가르쳐주세요. 하나님은 언제든지 우리가 궁금해하는 것을 가르쳐주시고 우리의 믿음이 자라도록 도와주고 싶어하신다고 말해주세요.

엠마오로 가던 제자들이 예수님을 만났어요 ▶누가복음 24:13~35

예수마당 성경공부 15

나의 주 나의 하나님

요한복음 20:24~29

■ '믿음 마음' 을 만들어서 서로서로 달아주세요.

◈ 완성된 하트 모양 ◈

부모님과 보세요

15 나의 주 나의 하나님

[포인트] 보이지 않아도 믿을 수 있어요.

[외울 말씀] “주 예수를 믿으라 그리하면 너와 네 집이 구원을 얻으리라”(사도행전 16:31).

부모님께

오늘 아이들은 예수님의 손과 옆구리에 난 못 자국을 직접 보고 만져보아야만 예수님이 다시 살아나신 것을 믿을 수 있다고 말했던 도마의 이야기를 들었습니다. 수많은 사람들 중에 특별히 우리를 선택하시고 사랑하셔서, 직접 눈으로 보지 못해도 예수님을 믿을 수 있는 믿음을 주신 하나님께 감사드리는 시간을 가지세요. 이번 한 주간 동안 아이들이 성경책을 읽고 순종하려는 마음을 보일 때마다 그 믿음을 칭찬해주세요.

물어보세요

- 예수님은 도마가 믿음을 가질 수 있도록 어떻게 도와주셨니?
- 볼 수 없어도 분명히 있는 것은 무엇이니?

나도 예술가

다음 페이지를 이렇게 활용하세요.

- 그림에 색칠을 한 후, 예수님의 옷에는 하얀색 티슈를 풀로 붙이게 하세요. 아이들이 그림을 꾸미는 동안, 예수님은 우리를 사랑하셔서 우리에게 예수님을 믿을 수 있는 마음-믿음을 주셨다고 이야기해주세요.

가족 놀이

- ‘끝말잇기’를 하자고 말하세요. 게임을 시작하기 전에 먼저 게임 규칙을 정하세요. 예를 들어 ‘바람’ 처럼, 볼 수 없는 것을 말했을 때에는 다 같이 손으로 입을 가리고 인디언들처럼 ‘우우우우’ 소리를 내는 거예요. 만약 앞 사람이 ‘토끼’ 처럼 볼 수 있는 것을 말했다면 다음 사람은 끝말을 잇는 대신, 토끼가 어떻게 생겼는지 언제 그것을 보았는지 말하게 하세요. 그리고 세 번째 사람이 끝말을 잇게 하세요. 만약 두 번째 사람이 토끼에 대해 말할 수 없다면 다른 사람이 대신 설명해주기로 하세요.

도마도 예수님을 믿게 되었어요 ▶요한복음 20:24~29

예수마당 성경공부 16

항상 함께하리라

마태복음 28:16~20,
사도행전 1:6~11

■빈칸에 자기 이름을 써 넣고 큰 소리로 읽어보세요.

"내가 너희와 항상 함께 있으리라" (마태복음 28:20)

예수님이 ＿＿＿＿＿＿ 와 함께 계세요.

16 항상 함께하리라

부모님과 보세요

[포인트] 예수님이 우리와 함께 계세요.

[외울 말씀] "주 예수를 믿으라 그리하면 너와 네 집이 구원을 얻으리라"(사도행전 16:31).

부모님께

오늘 아이들은 하늘에 올라가시면서 제자들에게 늘 함께 계시겠다고 약속해주신 예수님에 대해 배웠습니다. 아이들이 혼자 힘으로 어떤 것을 하기를 두려워할 때 "예수님이 네 마음 속에 함께 계시잖니. 예수님은 지금 너를 위해 하나님께 기도해주고 계셔"라고 말씀해주시고 아이들을 격려해주세요.

물어봐세요

■ 예수님이 제자들만 남겨두고 하늘로 올라가실 때 제자들은 어떤 기분이었을까?

■ 예수님이 너와 항상 함께 계신다고 생각하니 기분이 어떻니?

나도 예술가

다음 페이지를 이렇게 활용하세요.

■ 노랑색 형광펜 또는 사인펜, 풀, 솜을 준비하세요. 그림에서 햇빛은 노랑 형광펜으로 칠하게 하시고 구름에는 솜을 붙이게 하세요. 아이들이 작업할 때, 예수님은 지금 하나님과 함께 하늘에 계시지만 동시에 우리 마음 속에 계셔서 늘 우리와 함께하시며, 또 우리를 위해 항상 하나님께 기도하고 계신다고 이야기해주세요.

가족 놀이

■ 빨대 서너 개를 하나로 묶어 테이프로 붙이세요. 물 한 컵, 주방세제 1/3컵, 설탕 한 숟가락을 섞어서 비누 방울 용액을 만드세요. 예수님이 타고 하늘로 올라가신 것 같은 구름을 만들어보자고 하시고 아이와 함께 밖에 나가 비누 방울을 부세요. 아직 바깥바람이 차다면 마루에 신문지를 깔고서 그곳에서 비누 방울 놀이를 하게 하세요. 하늘로 올라가시는 예수님을 보면서 제자들은 어떤 생각을 했을지, 예수님은 어떤 말씀을 하셨는지 물어보세요.

예수님이 하늘로 올라가셨어요

▶마태복음 28:16~20, 사도행전 1:6~11

첫 번째 오순절

사도행전 2:1~13, 38~41

■성령님께 도와달라고 말씀드리고 싶은 것은 무엇인가요?

○ 성령님

○ 날마다 도와주세요

17 첫 번째 오순절

부모님과 보세요

[포인트] 성령님이 도와주세요.

[외울 말씀] “주 예수를 믿으라 그리하면 너와 네 집이 구원을 얻으리라”(사도행전 16:31).

부모님께

오늘 아이들은 제자들이 예수님을 전할 수 있도록 도와주시기 위해 오순절에 오신 성령님에 대한 이야기를 들었습니다. 성령님은 우리를 도와 하나님을 섬기게 하시는 분이란 것도 배웠습니다. 또 아이들은 성령님을 보내주셔서 매일매일 기쁜 마음으로 예수님을 따를 수 있게 도와달라고 하나님께 기도했습니다.

물어보세요

- 예수님이 하늘로 올라가신 후, 제자들이 기도할 때 무슨 일이 생겼니?
- 성령님은 어떤 일을 하시니?

나도 예술가

다음 페이지를 이렇게 활용하세요.

- 크레파스로 그림을 색칠한 후에 불 그림에는 반짝이 풀을 덧칠하게 하세요. 아이들이 그림을 색칠하는 동안 성령님은 우리가 예수님께 순종할 수 있도록 도와주시는 분이라고 말해주세요.

가족 놀이

- 빨강색 종이에 그림처럼 불 모양을 그려서 오리세요. 한쪽 끝에 실을 달고 눈에 잘 띄는 곳 천장에 붙이세요. 오순절날 성령님이 불과 같은 모양으로 오셔서 제자들이 예수님의 명령에 순종할 수 있도록 도와주셨다고 이야기해주시고 이번 주에는 아이와 함께 기도할 때마다 성령님을 보내주셔서 하나님께 순종할 수 있는 힘을 달라고 기도하세요.

성령님이 오셨어요 ▶사도행전 2:1~13, 38~41

가장 귀한 선물

사도행전 3:1~26

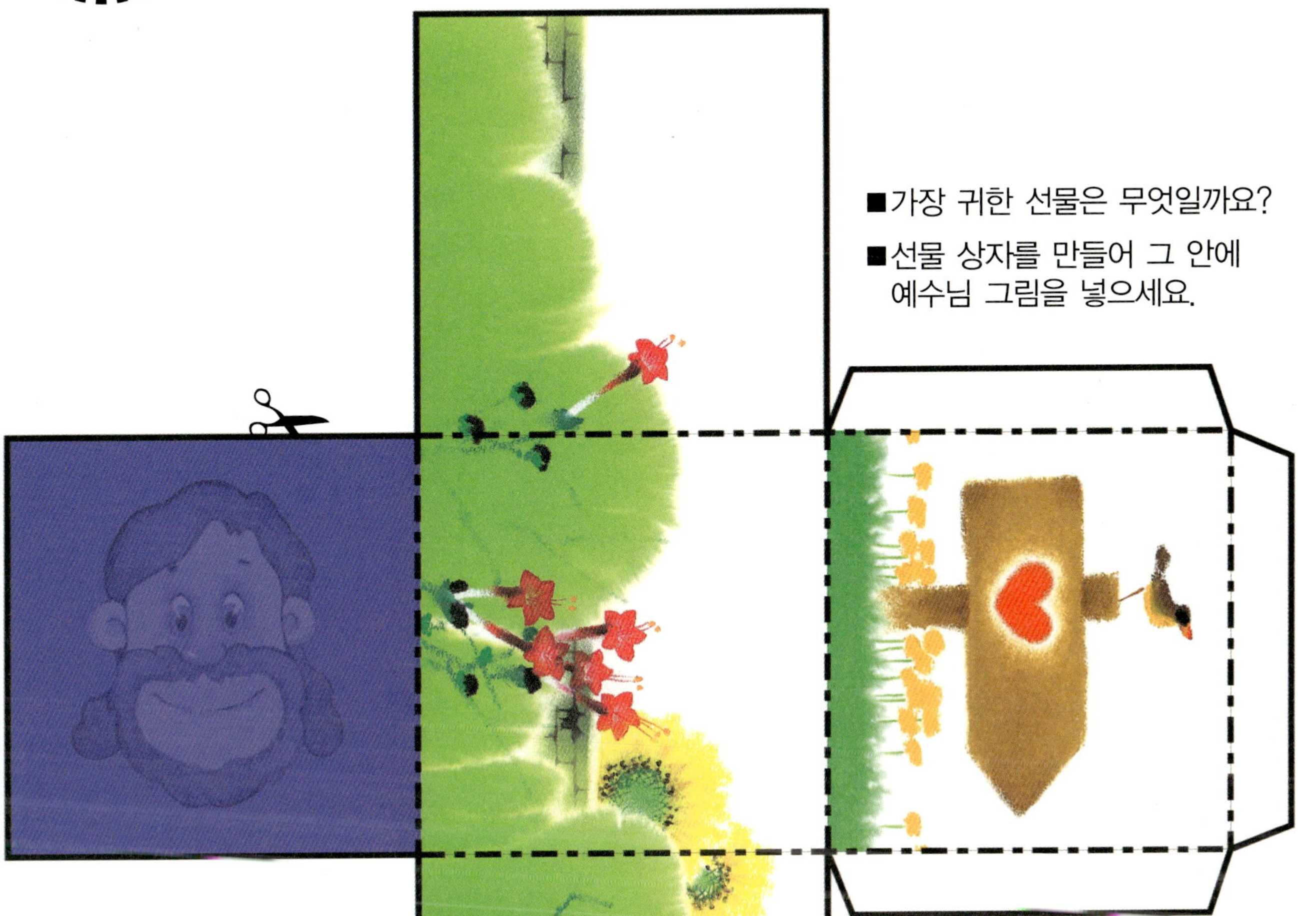

■가장 귀한 선물은 무엇일까요?

■선물 상자를 만들어 그 안에 예수님 그림을 넣으세요.

18 가장 귀한 선물

부모님과 보세요

[포인트] 예수님은 가장 귀한 선물이에요.
[외울 말씀] "너희는 주 그리스도를 섬기느니라"(골로새서 3:24).

부모님께

오늘 아이들은 베드로와 요한이 예수님의 이름으로 앉은뱅이를 고쳐주고 예수님을 전한 이야기를 들었습니다. 우리들이 예수님을 믿는다는 사실은 이 세상에 있는 그 어떤 것보다도 소중한 것입니다. 그리고 예수님을 전하는 일은 다른 어떤 것보다도 귀한 일입니다. 우리들이 받은 가장 귀한 선물이 바로 예수님임을 깨닫고 감사하며 살도록 도와주세요.

물어보세요

- 베드로와 요한은 걷지 못하는 사람을 어떻게 도와주었니?
- 우리들이 가진 가장 귀한 선물은 무엇이니?

가족 놀이

- 주위에 병원에 입원하셨거나 편찮으신 분이 계시다면 아이와 함께 찾아 뵙고 위로해드리는 시간을 가지세요. 또, 아이의 주변에 신체적인 장애를 가진 친구가 있다면 놀리거나 꺼리지 않고 친절하게 대하도록 가르쳐주세요.

나도 예술가

다음 페이지를 이렇게 활용하세요.

- 크레파스로 그림을 색칠하게 하세요. 아이들이 그림을 색칠하는 동안, 이 앉은뱅이가 걸을 수 있게 된 후에 무엇을 했는지, 그것을 본 사람들은 무엇을 했는지 물어보세요. 그리고 사람들은 예수님을 믿는 우리가 하는 행동을 보고 예수님이 어떤 분인지 알게 된다고 이야기해주세요.

베드로와 요한이 앉은뱅이를 고쳤어요 ▶사도행전 3:1~26

예수님을 따라요

사도행전 4:1~21

■예수님을 믿을 때 어려운 일이 생길 수도 있어요.
그럴 때, 예수님께 어떻게 말할까요?

19 예수님을 따라요

부모님과 보세요

[포인트] 용감하게 예수님을 따라요.

[외울 말씀] "너희는 주 그리스도를 섬기느니라"(골로새서 3:24).

부모님께

오늘 아이들은 베드로와 요한이 위협에 굴복하지 않고 용감하게 예수님을 전한 이야기를 들었습니다. 아이들은 자신의 믿음을 방해하는 것이 무엇인지 이야기하고 베드로와 요한처럼 용감하게 예수님에 대한 믿음을 지키겠다고 약속했습니다. 주일 예배에 늦는 이유는 무엇인지, 날마다 성경을 읽기로 한 약속을 지키지 못하는 이유는 무엇인지 등을 아이들과 함께 이야기하고 좋은 신앙 습관을 익히는 한 주간이 되도록 도와주세요.

물어보세요

- 베드로와 요한은 사람들이 예수님 전하는 것을 반대할 때 어떻게 했니?
- 네가 예수님 믿는 것을 어렵게 하는 일은 무엇이니?

나도 예술가

다음 페이지를 이렇게 활용하세요.

- 크레파스로 그림을 색칠하게 하세요. 신문이나 잡지에서 '예' '수' '님' 이란 글자를 각각 찾아 그림에 오려 붙이게 하세요. 아이들이 작업을 하는 동안 "왜 베드로는 사람들이 반대할 때에도 예수님을 전했지?" "예수님은 왜 우리가 다른 사람들에게 예수님을 전하길 원하실까?"라고 물어보세요.

가족 놀이

- 종이접시에 낱개 포장된 사탕과 초콜릿, 과자 등을 담으세요. 아이에게 예쁜 색깔의 종이를 하트 모양으로 오리고 "예수님이 당신을 사랑하세요"라고 써서 종이접시에 올려놓게 하세요. 이웃에 사는 사람들 중에 예수님의 사랑을 전해주고 싶은 사람이 누구인지 함께 이야기하고 그 집 문앞에 살짝 가져다놓으세요.

베드로와 요한이 용감하게 예수님을 전했어요 ▶사도행전 4:1~21

예수마당 성경공부 20

모든 사람에게 전해요

사도행전 10:1~48

■이번 주에 언제, 누구에게, 어떻게 하나님의 사랑을 보여주고 예수님을 전할 것인지 미리 그림일기를 써보세요.

20 모든 사람에게 전해요

부모님과 보세요

[포인트] 모든 사람에게 예수님을 전해요.

[외울 말씀] "너희는 주 그리스도를 섬기느니라"(골로새서 3:24).

부모님께

오늘 아이들은 베드로가 이방인 고넬료의 집에 가서 예수님을 전한 이야기를 들었습니다. 아이들은 하나님이 우리가 모든 사람들에게 예수님을 전하기를 원하신다는 것을 배웠습니다. 나와 친하지 않은 친구들 그리고 다른 나라에 사는 사람들에게도 예수님을 전해야 한다는 것도 배웠습니다. 아이들이 누군가를 꺼리고 싫어할 때, 하나님은 그 사람을 사랑하신다고 말해주시고 아이들이 모든 사람들에게 예수님의 사랑으로 대하도록 도와주세요.

물어보세요

■ 베드로는 왜 고넬료의 집에 갔니?

■ 네가 싫어하는 친구는 누구니? 어떻게 하면 그 친구와 사이좋게 지낼 수 있을까?

나도 예술가

다음 페이지를 이렇게 활용하세요.

■ 크레파스로 그림을 색칠하게 하세요. 고넬료와 고넬료의 친척들, 동료들은 베드로와 얼굴색을 다르게 칠하게 하세요. 아이가 그림을 색칠할 때 베드로는 외국 사람과 친구가 되고 싶어하지 않았지만 하나님의 말씀에 순종해서 예수님을 전했다고 이야기해주시고, 하나님은 우리가 모든 사람들에게 예수님 이야기를 들려주기 원하신다고 말씀해주세요.

가족 놀이

■ 아이가 자주 다투거나 싫어하는 친구가 있으면 왜 그런지 물어보세요. 아이가 친구와의 다른 점, 차이점을 가지고 친구를 미워하거나 싫어하지 않도록, 나와 다른 사람의 '차이'를 수용할 수 있도록 도와주세요. 이번 주에는 그 친구를 초대해서 친해질 수 있는 계기를 만들어주세요.

이방인에게도 예수님을 전했어요

▶사도행전 10:1~48

감옥 문이 열렸어요

→ 사도행전 12:4~17

■ '하나님의 손' 위에 하나님을 기쁘게 해드리기 위해 할 수 있는 일을 그리세요.
그럴 때 하나님이 나를 어떻게 도와주실지 이야기해보세요.

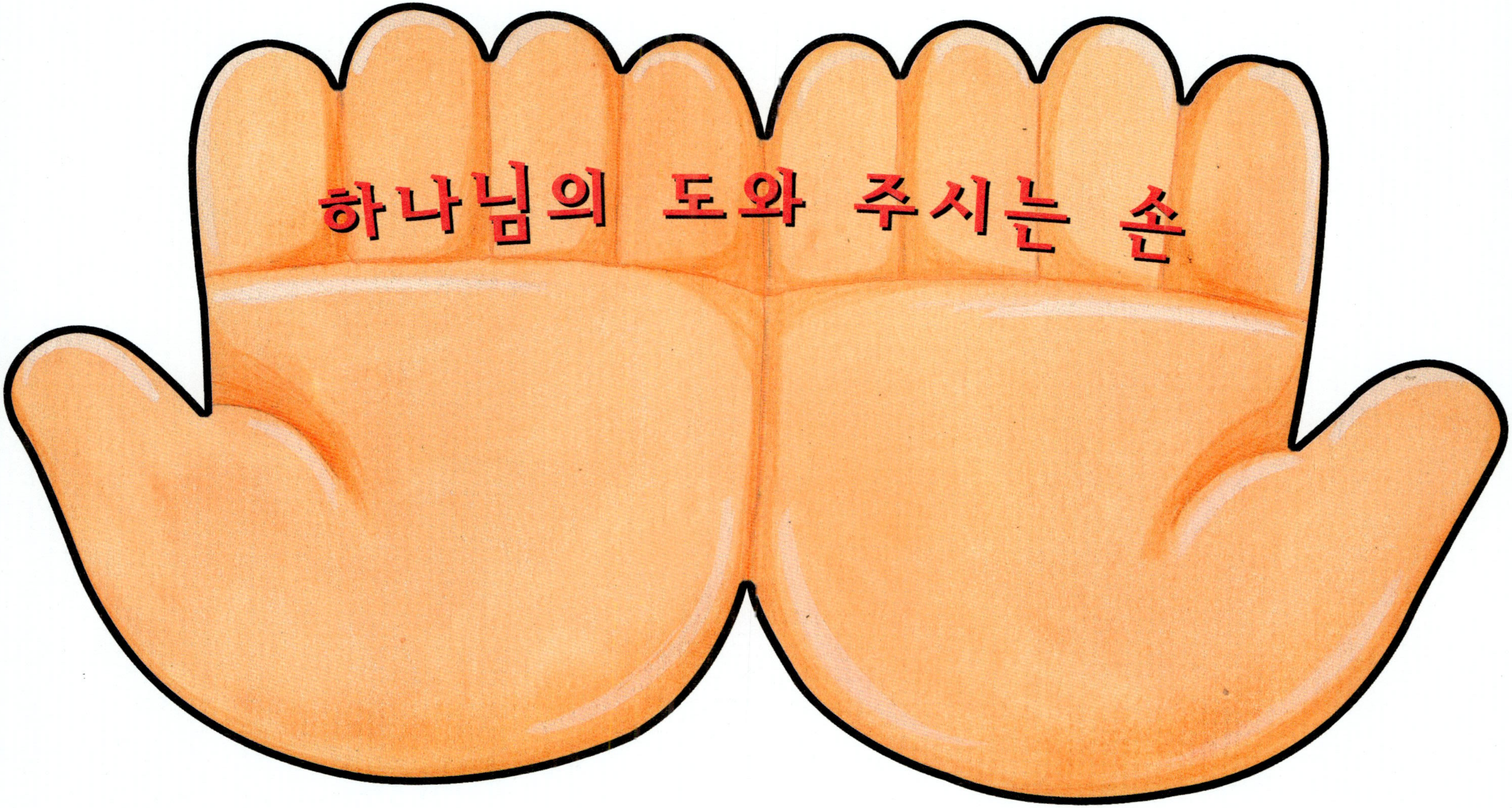

21 감옥 문이 열렸어요

부모님과 보세요

[포인트] 하나님이 기뻐하시는 일을 하도록 도와주세요.

[외울 말씀] "너희는 주 그리스도를 섬기느니라"(골로새서 3:24).

부모님께

오늘 아이들은 우리가 하나님이 기뻐하시는 일을 할 수 있도록 하나님이 도와주신다는 것을 배웠습니다. 아이들은 베드로가 친구들의 기도와 천사의 도움으로 감옥에서 풀려난 이야기를 듣고 도움이 필요한 사람들을 위해 무엇을 할 수 있을까 이야기를 나누었습니다. 아이들에게 하나님을 기쁘게 해드리기 위해 무엇을 하기로 했는지 물어보시고 결심한 것을 지킬 수 있도록 도와주세요.

물어보세요

- 베드로가 어떻게 감옥에서 풀려났니?
- 이번 주에 우리 가족은 어려운 사람들을 위해서 무엇을 할까?

나도 예술가

다음 페이지를 이렇게 활용하세요.

- 크레파스, 풀, 마카로니를 준비하세요. 아이들에게 그림을 색칠하게 하시고 베드로를 묶고 있는 사슬에는 마카로니를 붙이게 하세요. 아이들이 작업하는 동안 그 활동과 관련된 성경 이야기를 말해보게 하세요. 이야기를 듣고 난 후에는 "하나님은 예수님을 따르는 사람들을 지켜주시는구나"라고 말해주세요.

가족 놀이

- 색종이를 길게 자르세요. 자른 색종이에 가족들의 기도 제목을 하나씩 적으세요. 기도 제목이 보이도록 동그랗게 말아 붙이고 사슬처럼 연결하세요. 만든 기도 사슬을 가족들이 모여 기도하는 장소에 걸어놓고 기도 시간마다 함께 읽고 기도하세요. 이루어진 기도 제목에는 예쁜 스티커를 붙이세요.
- 더 이상 입지 않는 옷을 깨끗이 빨아서 어려운 이웃에게 나누어주세요. 직접 전해주기 어렵다면 바자회나 의류 수거함에 내놓으시면 됩니다.

베드로가 풀려났어요 ▶사도행전 12:4~17

사이좋게 지내요

→ 창세기 37:1~36

■사이좋게 지내고 싶은 '친구'와 '나'를 그리고 친구에게 어떻게 할 것인지 말해보세요.

22 사이좋게 지내요

부모님과 보세요

[포인트] 사이좋게 지내겠어요.

[외울 말씀] "하나님은 우리의 도움과 방패시로다"(시편 33:20).

부모님께

오늘 아이들은 요셉의 형들이 요셉을 미워했다는 성경 이야기를 들으면서, 하나님은 우리 각자에게 특별한 관심과 사랑을 가지고 계시며 우리가 서로 사랑하기를 바라신다는 것을 배웠습니다. 아이들이 다른 형제나 친구를 시샘하는 말이나 행동을 할 때마다 "엄마, 아빠는 지금 이대로의 너를 사랑한단다"라고 말씀해주세요.

물어보세요

- 아버지가 요셉에게만 새 옷을 주었을 때 형들은 기분이 어땠을까?
- 엄마, 아빠나 선생님이 너는 좋아하지 않고 다른 아이들만 좋아한다고 느낀 적이 있니?

나도 예술가

다음 페이지를 이렇게 활용하세요.

- 신문지, 크레파스, 풀을 준비하세요. 구덩이에 빠진 요셉을 색칠하고 구덩이는 신문지를 찢어 붙여 꾸미게 하세요. 아이가 그림을 꾸미는 동안 요셉의 형들이 요셉을 미워해서 구덩이에 빠뜨리고 애굽으로 가는 사람들에게 팔았다고 이야기해주세요.

가족 놀이

- 작은 종이를 가족 수대로 준비해서 매 장마다 가족들의 이름을 하나씩 쓰세요. 이름이 보이지 않게 종이를 잘 접어서 예쁜 그릇에 담으세요. 매일 아침, 제비를 뽑아서 그날의 인물을 한 명 정하고, 가족 모두 그 사람을 기쁘게 해주기 위해 특별한 일을 한 가지씩 하세요. 예를 들어 엄마의 날에 아빠는 꽃을 한 송이 사오시고 아이는 깜짝 카드에 사랑의 메시지를 적어 보내고 누나는 설거지를 도와드리세요. 매일매일 그날의 인물을 기쁘게 해주기 위해 무엇을 하면 좋을지 아이들과 함께 생각을 나누면서, 다른 사람을 소중하게 여기고 사랑을 표현하는 법을 가르쳐주세요.

형들이 요셉을 구덩이에 빠뜨렸어요 ▶창세기 37:1~36

예수마당 성경공부 23

돕는 손

창세기 39:1-6

■하나님이 도와주셔서 잘할 수 있는 것과 하나님이 도와주시기를 바라는 것을 그리고 나누어보세요.

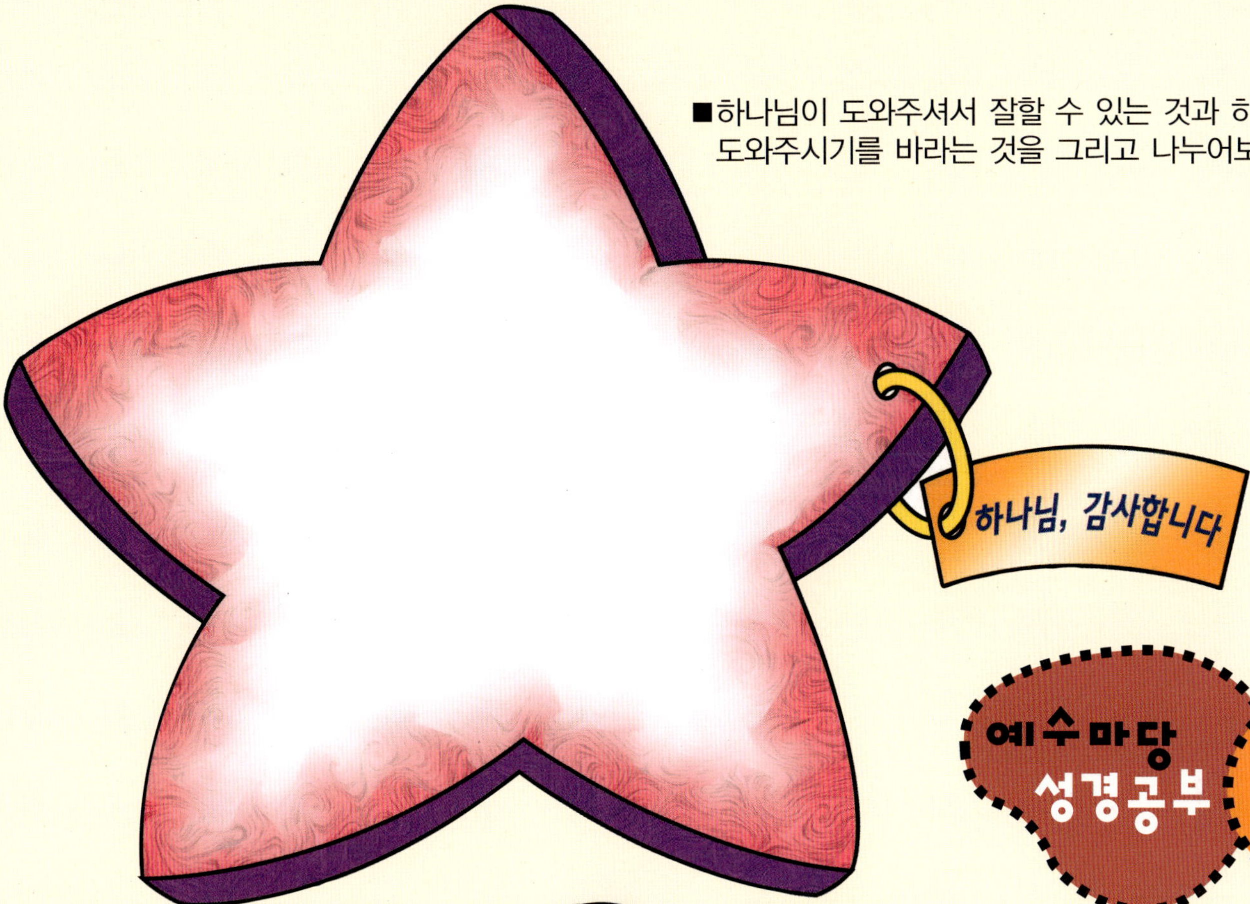

23 돕는 손

[포인트] 하나님이 도우시면 잘할 수 있어요.

[외울 말씀] "하나님은 우리의 도움과 방패시로다"(시편 33:20).

부모님께

오늘 아이들은 요셉이 보디발의 집에서 일할 때 하나님이 요셉을 도와주셨다는 것과 하나님이 도와주셨기 때문에 요셉이 무슨 일이나 잘해낼 수 있었다는 것을 배웠습니다. 아이들이 장난감을 정리하는일 등 맡은 일을 부담스러워할 때 "하나님이 널 도와주실거야" 라고 말씀해주시고 아이들을 격려해주세요.

물어보세요

■ 집을 떠나 멀리 다른 나라에서 종이 되었을 때 요셉은 어떤 생각이 들었을까?

■ 네가 어려워하는 일은 어떤 것이니?

가족 놀이

■ 매일 저녁 가족들이 함께 모여 앉아 식사할 때, 각자 '오늘 하나님이 도와주신 것'에 대해서 이야기하고 가족들을 도와주시는 하나님께 감사하는 시간을 가지세요. 하나님께 감사드릴 때 모두 함께 다음 찬양을 불러 보세요.

축복의 사람

나도 예술가

다음 페이지를 이렇게 활용하세요.

■ 크레파스로 그림을 색칠하게 하세요. 항아리는 크레파스로 색칠한 후에 반짝이 풀로 덧칠하거나 아니면 예쁜 포장지를 오려 붙이게 하세요. 아이가 작업하는 동안 요셉이 주인집의 일을 도왔던 것처럼 우리도 집안일을 도울 책임이 있다는 것을 말해주시고 아이가 돕기를 원하는 부분이 어떤 것인지 말해주세요.

요셉은 무엇이나 잘했어요

▶**창세기** 39:1~6

감옥에서

창세기 39:7~23

■나를 힘들게 하는 사람이 있는 곳은 어디인가요? 집, 유치원, 놀이터 카드 중에서 하나를 선택해서 보여주세요.

24 감옥에서

[포인트] 어려울 때 하나님이 도와주세요.

[외울 말씀] "하나님은 우리의 도움과 방패시로다"(시편 33:20).

부모님께

오늘 아이들은 보디발의 아내가 거짓말을 해서 요셉이 감옥에 갇혔을 때, 하나님이 요셉을 도와주셨다는 성경 이야기를 들으면서 어려울 때에도 하나님은 우리와 함께 계시며 우리를 도와주신다는 것을 배웠습니다. 아이에게 "어려운 일이 있을 때에는 엄마에게 이야기하렴. 언제든지 너를 도와줄게"라고 말해주시고 꼬옥 안아주세요. 아이가 엄마에게 도움을 청하면 무엇이 문제인지 어떻게 도와주었으면 좋을지 물어보시고, 이야기를 다 들은 후에 "우리 함께 하나님께 기도드리자. 그러면 하나님이 좋은 지혜를 주실 거야"라고 이야기하고 함께 기도한 후에 문제를 풀어가세요.

물어보세요

■ 보디발의 아내가 거짓말을 했기 때문에 감옥에 들어가게 되었을 때 요셉은 기분이 어땠을까?

■ 너도 다른 사람 때문에 힘들었던 적이 있니?

나도 예술가

다음 페이지를 이렇게 활용하세요.

■ 크레파스와 물감, 팔레트, 붓, 물통을 준비하세요. 요셉과 쇠사슬, 창살 등은 크레파스로, 감옥은 물감으로 색칠하게 하세요. 요셉이 들어갔던 감옥은 어두컴컴하고 지저분했겠지요? 아이가 색칠하는 동안 요셉이 감옥에서 지낼 때 무슨 생각을 했을지 물어보세요.

가족 놀이

■ 아이와 함께 감옥에 있는 재소자들을 위해 선물을 준비하고 보내주세요. - 좋은 책이나 잡지, 성경책, 내의, 양말, 간식, 예수님의 사랑을 전하는 카드 등.

• 국내 수감소

서울구치소 437-702
경기도 의왕시 포일동 18-1 (031) 423-6100-7

부산구치소 617-737
부산광역시 북구 주례3동 666 (051) 324-5501-4

성동구치소 138-810
서울특별시 송파구 가락2동 162 (02) 402-9131-4

인터넷으로 법무부 사이트 www.moj.go.kr/justice/index.html를 찾아가시면 전국의 교정 기관 주소 및 전화번호를 보실 수 있습니다.

요셉이 감옥에 갇혔어요

▶창세기 39:7~23

예수마당 성경공부 25

총리 요셉

창세기 40:1~41:57

■커서 어떤 사람이 되고 싶나요? 액자 안에 그린 후에 어떻게 다른 사람을 도울 수 있는지 나눠보세요.

부모님과 보세요

25 총리 요셉

[포인트] 도와줄래요.

[외울 말씀] “하나님은 우리의 도움과 방패시로다”(시편 33:20).

부모님께

오늘 아이들은 요셉이 애굽 사람들을 위해서 풍년에 음식을 저장했다가 흉년에 나누어준 이야기를 통해 하나님은 우리가 다른 사람을 도와주기 바라신다는 것을 배웠습니다. 아이들은 다양한 직업을 가진 사람들이 서로 도우며 사는 것을 이해하고, 자라서 어떤 직업을 가지고 다른 사람들을 도울지에 대해서도 이야기했습니다. 아이들에게 이번 주에는 어떻게 친구들을 도울 것인지 물어보시고 조언해주세요.

물어보세요

- 요셉은 어떻게 애굽 사람들을 도왔니?
- 네가 가정/유치원/학원에서 다른 사람들을 도울 수 있는 행동이나 친절한 말은 무엇이니?

가족 놀이

- 아이와 함께 쌀집에 가서 여러 가지 곡물을 보여주고 이름을 가르쳐 주세요. 쌀이나 다른 잡곡을 조금 사서 생활이 어려운 이웃 분께 드리세요. 선물을 전하러 갈 때, 아이가 이웃을 돕는 부모님의 모습을 볼 수 있도록 꼭 아이와 함께 가세요.

나도 예술가

다음 페이지를 이렇게 활용하세요.

- 수수깡과 풀, 크레파스를 준비하세요. 그림에 색칠을 하고 곡식 창고에는 수수깡을 반으로 잘라 붙이게 하세요. 곡식에는 쌀이나 다른 곡류를 붙여보게 하세요. 아이들이 작업하는 동안 요셉이 먹을 것이 없는 사람들에게 곡식을 나누어주었다고 말해주세요. 이웃을 도울 수 있는 방법에는 어떤 것이 있을지 함께 이야기해보세요.

요셉이 굶는 사람들에게 먹을 것을 주었어요

▶창세기 40:1~41:57

예수마당 성경공부 26

하나님, 감사합니다!

창세기 45:1-28

■우리 반 친구들의 이름과 선생님의 이름을 적어보세요.

26 하나님, 감사합니다!

부모님과 보세요

[포인트] 서운함을 잊고 하나님의 뜻을 보아요.

[외울 말씀] "하나님은 우리의 도움과 방패시로다"(시편 33:20).

부모님께

오늘 아이들은 요셉이 형들을 용서한 이야기를 듣고 하나님은 우리가 서로 용서하기를 바라신다는 것을 배웠습니다. 아이들은 자신을 힘들게 했던 친구를 용서하기로 결심했고 아직 용서할 마음이 생기지 않는 아이는 용서하도록 도와달라고 기도했습니다. 아이가 어떤 친구와 "이젠 같이 안 놀래요"라고 말하거든, "하나님은 언제든지 너를 용서해주시잖니. 너는 하나님을 믿는 아이니까 친구를 용서해주렴. 그렇지 않으면 네가 잘못했을 때 하나님도 너를 용서하고 싶지 않으실 거야"라고 말해주세요.

물어보세요

■ 여러 해가 지난 뒤에 형들을 만났을 때 요셉은 이떤 생각이 들었을까?

■ 너에게 나쁘게 대하는 형제들/친구들에게 어떻게 할 거니?

나도 예술가

다음 페이지를 이렇게 활용하세요.

■ 크레파스와 한 움큼의 모래를 준비하세요. 크레파스로 그림을 색칠하고 땅에는 풀칠을 한 후 모래를 뿌리게 하세요. 아이들이 그림을 그리는 동안 여러 해 만에 형들을 만난 요셉의 기분이 어땠을지 물어보세요.

가족 놀이

■ 아이와 함께 멋진 '요셉 의자'를 꾸미세요. 만약 가정에서 식탁과 의자를 사용하지 않으신다면 '요셉 방석'을 만드세요. 매일 아침 '오늘의 요셉'이 갖추어야 할 자격을 말해주세요. 예를 들면, '월-다른 사람과 사이좋게 지내기. 화-맡은 일에 최선을 다하기. 수-어려운 일이 생기면 하나님께 기도하기. 목-다른 사람에게 친절히 대하기. 금-다른 사람을 잘 도와주기. 토-다른 사람들을 잘 용서해주기.' 저녁 때 가족들이 모두 모인 자리에서 각자 오늘 어떻게 했는지 이야기하고 부모님이 직접 '요셉 의자/방석'에 앉을 '오늘의 요셉'을 뽑으세요. 댁의 아이들 모두가 의자에 앉아볼 수 있게 골고루 그러나 공정하게 기회를 주세요.

요셉이 형들을 용서했어요 ▶창세기 45:1-28